W9-AHZ-738

Pia Burmølle Hansen
& Søren Lauridsen

TIVOLI

Aschehoug

FORORD

Tivoli kan ikke beskrives – Tivoli skal opleves! Sådan plejer jeg at svare bl.a. udenlandske journalister, der vil have, jeg skal fortælle, hvad Tivoli er for noget.

Påstanden er naturligvis en sandhed med modifikationer. I virkeligheden skulle man meget hellere påstå, at hvert eneste menneske har *sit* Tivoli, sådan som han eller hun oplever det. Derfor er også i denne situation enhver generalisering af det onde.

Tivoli har gennem samtlige sine 150 år været beskrevet i ord og billeder. Fra de fornemme litografier i »Illustreret Tidende« og samtidens aviser og frem til nutidens fire-fem dimensionale farveoptagelser, hvor man dukker hovedet for ikke at få én af de vilde svaner i øjet.

Sidste år bad to unge fotografer om et møde. De præsenterede nogle utroligt flotte fotografier, som bl.a. var brugt til at illustrere en rejse rundt i Danmark. Nu havde de fået den idé, at de gerne ville lave en fotobog om Tivoli.

Det blev til et spændende samarbejde, der strakte sig over hele sidste sæson og et stykke ind i jubilæumssæsonen. Vi ville gerne have Tivoli set gennem unge, uimponerede objektiver, og udvalget af Pia Burmølle Hansen og Søren Lauridsens tusinder af billeder er et fornemt udtryk for *deres* Tivoli.

Det er mit håb, at denne bog også vil dække mange andre Tivoli-gæsters opfattelse af Carstensens berømte have.

Niels-Jørgen Kaiser

PREFACE

Tivoli cannot be described in words – Tivoli must be seen! This is my standard reply to, for example, foreign journalists who want me to tell them what Tivoli is.

This claim is naturally only a qualified truth. It would, in fact, be much better to claim that each individual person has his or her own image of Tivoli. Any generalization is thus misleading in this case as well.

Throughout its 150 years Tivoli has been described in words and pictures. From the exquisite lithographs in »Illustreret Tidende« and the papers of the day and up to today's four/five dimensional colour images in which you duck to avoid getting hit in your face by one of the wild swans.

Last year two young photographers requested a meeting. They presented some stunningly beautiful photographs which were, among other things, used to illustrate a tour of Denmark. They had gotten the idea that they would like to make a photo book about Tivoli.

This resulted in an exciting cooperation which spanned the whole of last season and part of the anniversary season. We wanted Tivoli to be seen through young, uimpressed lenses and the selection of Pia Burmølle Hansen's and Søren Lauridsen's thousands of pictures is a splendid expression of their Tivoli.

I hope that this book will also cover many other Tivoli visitors' conception of Carstensen's famous gardens.

Niels-Jørgen Kaiser

VORWORT

Tivoli lässt sich nicht beschreiben – Tivoli muss erlebt werden! So lautet meistens meine Antwort u.a. ausländischen Journalisten gegenüber, die von mir eine Erklärung dafür möchten, was dieses Tivoli eigentlich ist.

Diese Behauptung ist selbstverständlich nur bedingt wahr. Man müsste tatsächlich viel eher behaupten, dass jeder einzelne Mensch sein eigenes Tivoli hat je nachdem, wie er oder sie es auffasst. Deshalb ist auch in diesem Punkt jede Verallgemeinerung vom Übel.

Tivoli ist in sämtlichen 150 Jahren seines Bestehens in Wort und Bild beschrieben worden. Von den glänzenden Lithografien in der Familienzeitschrift »Illustreret Tidende« und den zeitgenössischen Zeitungen bis zu den vier- bis fünfdimensionalen Farbfotos der Gegenwart, bei denen man den Kopf einzieht, um nicht einen wilden Schwan ins Auge zu bekommen.

Letztes Jahr haben zwei junge Fotografen bei mir vorgesprochen. Sie stellten einige umglaublich schöne Fotos vor, die u.a. als Illustrationsmaterial im Zusammenhang mit einer Rundreise in Dänemark gedient hatten. Sie waren jetzt auf die Idee gekommen, einen Bilderband zum Thema Tivoli anzufertigen.

Daraus ergab sich eine interessante Zusammenarbeit, die sich über die ganze letzte Saison bis in die Jubiläumssaison erstreckte. Wir möchten gern erfahren, wie Tivoli unter dem Blickwinkel junger, unbeeindruckter Objektive aussieht. Diese Auswahl aus den mehreren tausend Fotos, die Pia Burmølle Hansen und Søren Lauridsen aufgenommen haben, zeigt auf vorzügliche Art und Weise *ihr* Tivoli.

Ich hoffe, dass dieses Buch auch dem Bild entspricht, das sich viele andere Besucher von dem berühmten Garten des Tivoli-Gründers Carstensen gemacht haben.

Niels-Jørgen Kaiser

前書き

チボリは説明し尽くせない、体験すべきもの！チボリとは一体何なのかと尋ねる外国人ジャーナリストなどに、私はこう答え続けてきました。

このような主張はもちろんある程度の柔軟性を持たせなければなりません。事実、人は誰もがそれぞれの体験を通じて、その人自身のチボリを持っている、と言ったほうが正しいのでしょう。ですからここでもやはり、あらゆる概括的断定は不適当です。

チボリはその150年の歴史を通じて、言葉や写真で表現されてきました。"Ilustreret Tidende"（往時の挿絵入り週刊誌）の見事な石版画、当時の新聞、そして余りの迫力に飛ぶ白鳥の嘴から思わず身をかわすような現代の4次元、5次元にも亘るカラー写真など、例を挙げれば限りありません。

昨年、2人の写真家に面会を依頼されました。その2人はデンマーク周遊旅行を描いた余りに素晴らしい写真を数枚持参していました。そして、次にはチボリ写真集を作りたいとのことでした。

この面会の結果、昨年の開園期間を通じ、そしてまた記念の年にも多少足を延ばす、インスピレーションに満ちた協力が始まったのでした。チボリ側としては、若く、偏見のないレンズから見たチボリを提供してもらいたいと望み、ピア・ブアミュレ・ハンセンとソーレン・ラウリッセンの何千枚の作品から選択された写真集は、この二人の写真家の、彼等自身のチボリを表現しているのです。

この写真集が、世界に名の知れたゲオ・カーステンセンの園で過ごした1日の思い出として、数多くの来園客の共感を呼ぶことを希望します。

ニルス・ヨーウェン・カイサー

TIVOLI I TAL

Aktionærer: 12.000 (Hovedaktionær: Carlsberg A/S)
Ansatte: 200 (i sæsonen: 2000)
Areal: 82.717m²
Bebygget areal: 20.679m²
Tivoli-Søens areal: 6.200m² (9.000 m³ vand)
Besøgende: 4 mill. pr. sæson
Fordeling af besøgende: 60% danskere, 40% udlændinge
Største besøgsdag: 112.802 (Tivolis 100-års dag den 15.08. 1943)
Besøgende på Tivolis første dag den 15.08. 1843: 3.615
Besøgende i Tivolis første år (1843): 174.609
Besøgende siden 1843: over 268 mill.
Forlystelser: 25
Største forlystelse: Rutschbanen (1914) 720m lang
Antal kørte km på en sæson: 48.200 (Ækvator: 40.076)
Restauranter: 28
Restaurationspladser: 10.000 (5.000 indendørs)
Ældste restaurant: Divan 1 og Divan 2 (1843)
Træer: 876
Blomster: 400.000
Tulipaner og narcisser: 134.000
Lamper: 110.718
Forestillinger i sæsonen:
   Koncertsalen: 152
   Pantomimeteatret: 242
   Plænen: 283
   Glassalen: 76
   Pavillonerne: 640

TIVOLI FACTS & FIGURES

Shareholders: 12.000 (principal shareholder The Carlsberg Breweries)
Employees: 200 (in peak season: 2.000)
Area: 82.717 m²
Built-up area: 20.679 m²
Lake Area: 6.200 m² (9.000 m³ water)
Number of admissions: 4.000.000 per season
National origin of visitors: 60% from Denmark 40% from abroad
Day of Most Admissions: 112.802 on Tivoli's 100th Anniversary Aug. 15 1943
Number of Admissions on Tivoli's opening day Aug. 15 1843: 3.615
Admissions during Tivoli's first year (1843): 174.609
Total admissions since 1843: 268.000.000 plus
Number of rides: 25
Favourite ride: The Rollercoaster (1914), 720 meters in length. Kilometers recorded during a single season: 48.200 (Equator is 40.076 km)
Restaurants: 28
Restaurant seats: 10.000 (5.000 indoors)
Oldest restaurants: Divan 1 and Divan 2 (1843)
Trees: 876
Flowers: 400.000
Tulips and Narcissi: 134.000
Lamps: 110.718
Number of shows/performances per season:
   The Concert Hall: 152
   The Peacock Commedia dell'arte Theatre: 242
   The Plænen Open Air Stage: 283
   The Hall of Glass Theatre: 76
   The Pavillons: 640

TIVOLI IN ZAHLEN

Aktionäre: 12.000 (Hauptaktionär Carlsberg A/S)

Angestellte: 200 (2.000 in der Saison)

Grundfläche: 82.717 m²

Bebautes Areal: 20.679 m²

Grösse des Tivoli Sees: 6.200 m² (9.000 m³)

Besucher: 4 Millionen pro Saison

Aufteilung der Besucher: 60 Prozent Dänen
   40 Prozent Ausländer

Grösste Anzahl Besucher: 112.802
   (Tivolis 100. Jahrestag 15.08 1843)

Besucher am ersten Tag, 15.08.1843: 3.615

Besucher im ersten Jahr (1843): 174.609

Besucher insgesamt seit 1843: über 268 Millionen

Fahrgeschäfte: 25

Grösstes Fahrgeschäft:
   Die Achterbahn aus dem Jahr 1914, 720 Meter. Anzahl
   gefahrene Kilometer im Laufe einer Saison: 48.200
   (Äquator: 40.076 Kilometer)

Restaurants: 28

Restaurantplätze: 10.000 (5.000 davon unter Dach)

Älteste Restaurants: Divan 1 und Divan 2 (1843)

Bäume: 876

Blumen: 400.000

Tulpen und Narzissen: 134.000

Lampen: 110.718

Vorstellungen in der Saison:
   Konzertsaal: 152
   Pantomimen-Theater: 242
   Freilichtbühne: 283
   Glassaal: 76
   Die Pavillons: 640

数字に見るチボリ

株主総数：12,000株
（筆頭株主：カールスベア株式会社）

従業員総数：200人
（シーズン中：2,000人）

面積：82,717㎡

建造面積：20,679㎡

チボリ湖面積：6,200㎡
（水量：9,000㎥）

来園者数：1シーズン4百万人

来園者内訳：デンマーク人60%、外国人40%

1日の最高来園者数、112,802人
（1943年8月15日、チボリ100年祭）

1843年8月15日、開園第一日めの来園者数：3,615

開園第一年めの来園者数：174,609

1843年来総来園者数：2億6,800万人以上

娯楽乗り物数：25

大型娯楽乗り物：ローラーコースター（1914）全長720ｍ

1シーズンにつき娯楽乗り物の総走行距離：48,200km
（赤道全長40,076km）

レストラン数：28軒

レストラン座席数：10,000人（屋内5,000人）

最古レストラン：Divan 1 と Divan 2（1843）

樹木：876本

花：400,000本

チューリップと水仙：134,000本

照明ランプ：110,718個

1シーズン演奏、公演数
コンサートホール：152／パントマイム：242／野外ステージ：283
クリスタルホール：76／パビリオン各種：640